新时代的
雷锋精神

中宣部电影频道节目中心
中宣部志愿服务促进中心
中国志愿服务联合会
编

中国法制出版社

编写顾问

曹寅　邓丽娟　刘波

策划统筹

张玲　王平久　王国伟

前言

党的十八大以来，习近平总书记就学习弘扬雷锋精神多次作出重要指示。今年是毛泽东等老一辈革命家为雷锋同志题词60周年。习近平总书记深刻指出，60年来，学雷锋活动在全国持续深入开展，雷锋的名字家喻户晓，雷锋的事迹深入人心，雷锋精神滋养着一代代中华儿女的心灵。实践证明，无论时代如何变迁，雷锋精神永不过时。新征程上，要深刻把握雷锋精神的时代内涵，更好发挥党员、干部模范带头作用，加强志愿服务保障和支持，不断发展壮大学雷锋志愿服务队伍，让学雷锋在人民群众特别是青少年中蔚然成风，让学雷锋活动融入日常、化作经常，让雷锋精神在新时代绽放更加璀璨的光芒，为全面建设社会主义现代化国家、全面推进中华民族伟大复兴凝聚强大力量。

60年来，一批又一批雷锋式先进集体和模范人物葳蕤蓬勃、赓续绵延，不断演绎着对党、对人民、对社会主义事业的无限忠诚和无私奉献。新时代新征程，更需要大力弘扬雷锋精神，赋予时代内涵，凝聚奋进力量，谱写以中国式现代化全面推进中华民族伟大复兴的新篇章。为此，中宣部电影频道节目中心、中宣部志愿服务促进中心、中国志愿服务联合会共同推出了《新时代的雷锋精神》一书。本书从雷锋同志的书信和日记中摘抄整理出能够体现雷锋时代精神的经典语录，按照社会主义核心价值观体系的相关内容，分为爱党爱国、爱岗敬业、无私奉献、集体主义、群众路线、助人为乐、谦虚进取、艰苦奋斗八个主题，并附有雷锋日记手稿和相关电影的剧照等珍贵资料，为广大人民群众更好地学习传承雷锋精神提供丰富载体。

编者

2023 年 2 月

目录

向雷锋同志学习

毛泽东

日记

61、4、26　　晴

我学习了毛选一二三四卷以后，感受最深的是，懂得了怎样做人，为谁活着……

我觉得要使自己活着，就是为了使别人过得更美好。

我要以黄继光、董存瑞、方志敏等同志为榜样，做一个忠于祖国，热爱人民，永远忠于党，忠于人民革命事业的人。

爱党爱国

新时代的雷锋精神

电影《雷锋》剧照

党的声音，
就是人民的声音。
听党的话，
就会开放出事业的花朵！

★《雷锋日记》1959年8月30日

《雷锋日记》1959年8月30日

我深深地认识到，做每一件工作，完成每一项任务，哪怕是进行每一次学习，都十分需要听党的话，听领导的话，争取领导的帮助和支持。

党和领导叫怎样去做，就不折不扣地按党的指示去做。这样，就是有再大的困难，也有办法克服；再艰巨的任务，也能完成。相反，如果脱离了领导，不听党的话，光凭个人的心愿去做事情，是很难做好的，甚至要犯错误。有些同志思想进步慢，工作成绩差，是什么原因呢？我认为原因只有一个，就是自以为正确，不听党的话，不听群众的话，明明自己的看法不对，也不改正；明明领导和同志们的意见是正确的，也不诚恳地接受。这样，就会落后。

党的声音，就是人民的声音。

听党的话，就会开放出事业的花朵！

把自己的全部力量献给党的建设事业，
在生产中，
一定完成任务，
一红到底，
有一分热发一分光。

★《雷锋日记》1959年10月×日

《雷锋日记》1959年10月×日

一、加强修养，努力学习团纲、团章和有关团员修养的书籍，处处听党的话；坚决地、无条件地做党的驯服工具。

二、把自己的全部力量献给党的建设事业，在生产中，一定完成任务，一红到底，有一分热发一分光。

三、虚心向群众学习，并以团员的模范作用，带动群众前进。

四、掌握批评与自我批评的武器，经常向支部汇报自己的思想情况，在支部的直接领导、监督下，努力改造自己的思想。

只要组织上批准我入伍，
我一定要把自己最可爱的青春
献给我们的祖国，
做一个真正的共产主义革命战士……

★《雷锋日记》1959 年 12 月 4 日

《雷锋日记》1959 年 12 月 4 日

昨天，听到车间总支李书记关于 1959 年征兵的报告后，我激动得一时一刻都没有平静。深夜了，我怎么也睡不着觉，便从床上爬起来，跑到了车间办公室，叫醒了已熟睡的李书记。我问他：“我能不能入伍呀？”李书记笑着回答说：“能呀！像你这样身强力壮的小伙子，参加人民解放军是顶呱呱的哩！”他从头到脚仔细地看了我一下说：“唉呀，小雷怎么没穿棉衣呀！下这么大的雪，不冷吗？”这时我才觉得穿一身衬衣有点寒冷。李书记把棉衣披在我的身上。回到了宿舍，我还是不想睡觉，坐在条桌旁写我的入伍申请书和决心书。

今天一清早，我就到车间报了名。现在，我的愿望就要实现了，我怎么能够不高兴呢！只要组织上批准我入伍，我一定要把自己最可爱的青春献给我们的祖国，做一个真正的共产主义革命战士……

至于各人自己的历史画面上所涂的
颜色是白的、灰的、粉红的或者鲜红的，
虽然客观因素起一定作用，
但主观因素起决定性的作用。
……
我要永远保持自己历史鲜红的颜色。

★《雷锋日记》1959 年 12 月 20 日

《雷锋日记》1959 年 12 月 20 日

一个人出生在世界上以后，除了早夭的以外，总要活上几十年。每个人从成年一直到停止呼吸的几十年的生活，就构成各人自己的历史。至于各人自己的历史画面上所涂的颜色是白的、灰的、粉红的或者鲜红的，虽然客观因素起一定作用，但主观因素起决定性的作用。每个人每时每刻都在写自己的历史，每个共产党员和共青团员都应该好好地想一想，怎样来写自己的历史。每个共产党员和共青团员时时刻刻都要以马克思列宁主义、毛泽东思想来做自己的思想行动的指导，真正做到言行一致。我要永远保持自己历史鲜红的颜色。

听党的话，
服从命令听指挥，
党指向哪里，
我就冲向哪里。

★《雷锋日记》1960 年 1 月 8 日

《雷锋日记》1960 年 1 月 8 日

这天是我永远不能忘记的日子，这天是我最大的荣幸和光荣的日子。我走上了新的战斗岗位，穿上了黄军装，光荣地参加了中国人民解放军。我好几年来的愿望在今天已实现了，真感到万分的高兴和喜悦，这是我一生最大的幸福。

在党的正确领导下，在革命的大家庭里，我一定要好好地锻炼自己，在入伍的这一天，我提出如下保证：

一、听党的话，服从命令听指挥，党指向哪里，我就冲向哪里。

二、加强政治学习，多看报纸和政治书籍，按时参加部队各种会议和学习，积极宣传党的政策，密切靠近组织，及时向组织反映各种情况，不断提高自己的政治思想觉悟。

三、尊敬领导，团结同志，互帮互爱互学习。

四、严格遵守部队一切纪律，做到虚心向老战士学习，刻苦钻研，加强军事学习，随时准备打击敌人。

五、克服一切困难，发扬先辈优良的革命传统。我要坚决做到头可断，血可流，在敌人面前决不屈服、投降。我一定要向董存瑞、黄继光、安业民等英雄学习。

六、我要努力学习政治、军事、文化，我要好好地锻炼身体。我一定要在部队争取立功当英雄，我一定要做一个毛泽东时代的好战士，我要把我可爱的青春献给祖国最壮丽的事业。

……

从我参加革命那天起，
就时刻准备着为了党和阶级的
最高利益牺牲个人的一切，
直至最宝贵的生命。

★《雷锋日记》1960 年 2 月 8 日

《雷锋日记》1960 年 2 月 8 日

我出生在一个很贫穷的农民家庭，在旧社会里受尽了折磨和痛苦。参军以后，我在党的培养教育下，深深懂得了社会主义的今天是由无数革命先烈和战友的艰苦奋斗、英勇牺牲得来的。从我参加革命那天起，就时刻准备着为了党和阶级的最高利益牺牲个人的一切，直至最宝贵的生命。

今后，

我一定要更好地听从党的教导，

党叫我干什么，

我就干什么，

决不讲价钱。

★《雷锋日记》1960年2月×日

《雷锋日记》1960 年 2 月 × 日

可以说在我的周身的每一个细胞里，都渗透了党的血液。

为了忠于党的事业……今后，我一定要更好地听从党的教导，党叫我干什么，我就干什么，决不讲价钱。……

我要做一个有利于人民、
有利于国家的人。
如果说这是"傻子"，
那我是甘心愿意做这样的"傻子"的。
革命需要这样的"傻子"，
建设也需要这样的"傻子"。
我就是长着一个心眼，
我一心向着党，
向着社会主义，
向着共产主义。

★《雷锋日记》1960 年 8 月 20 日

《雷锋日记》1960 年 8 月 20 日

望花区成立了一个人民公社，我把平时节约下来的一百元钱，支援了他们；辽阳市遭受了洪水的灾害，我把省吃俭用积存的一百元钱寄给了辽阳灾区人民。有些人说我是“傻子”，是不对的。我要做一个有利于人民、有利于国家的人。如果说这是“傻子”，那我是甘心愿意做这样的“傻子”的。革命需要这样的“傻子”，建设也需要这样的“傻子”。我就是长着一个心眼，我一心向着党，向着社会主义，向着共产主义。

我是一个共产党员，人民的勤务员，
为了全人类的自由、解放、幸福，
哪怕高山、大海、巨川，
为了党和人民的事业，
就是入火海进刀山，
我甘心情愿，
头断骨粉，身红心赤，
永远不变。

★《雷锋日记》1960 年 11 月 8 日

《雷锋日记》1960 年 11 月 8 日

1960 年 11 月 8 日，是我永远不能忘记的日子。今天，我光荣地加入了伟大的中国共产党，实现了自己最崇高的理想。

我激动的心啊！一时一刻都没有平静。伟大的党啊！英明的毛主席！有了您，才有了我的新生命。我在九死一生的火坑中挣扎和盼望光明的时刻，是您把我拯救出来，给我吃的，穿的，还送我上学念书。我念完了高小，戴上了红领巾，加入了光荣的共青团，参加了祖国的工业建设，又走上了保卫祖国的战斗岗位。在您的不断培养和教育下，我从一个孤苦伶仃的穷孩子，成长为一个有一定知识和觉悟的共产党员。

伟大的党啊，您是我慈祥的母亲，我所有的一切都是属于您的，我要永远听您的话，在您的身下尽忠效力，永做您忠实的儿子。

今天我入了党，使我变得更加坚强，思想和眼界变得更加开阔和远大。我是一个共产党员，人民的勤务员，为了全人类的自由、解放、幸福，哪怕高山、大海、巨川，为了党和人民的事业，就是入火海进刀山，我甘心情愿，头断骨粉，身红心赤，永远不变。

我一定要好好学习和工作，
永远听党的话，
听毛主席的话，
跟党走，做毛主席的好战士。

★《雷锋日记》1960 年 11 月 21 日

《雷锋日记》1960 年 11 月 21 日

今天是我永远不能忘记的日子。下午 1 点半钟，我在沈阳工程兵部见到了上级首长。首长们像慈父般地关怀和热爱我，在这最幸福的时刻，我高兴得连话也说不出来，只是流出了激动的热泪。政委对我说：“受了阶级的压迫，受了民族的压迫，你没有忘本，很好啊！在旧社会受阶级压迫，剥削……穷人没出路，你听了毛主席的话，做了很多工作，做得很对。今天我们革命，不能忘本，忘本就很糟糕。以前做得很好，今后要继续这样做。要读毛主席的书，听毛主席的话，忠实于党，忠实于人民，忠实于毛主席。做出成绩，什么时候都是应该的，我们当革命者不能满足。要更加虚心，对领导要尊敬，对同志要团结，要努力做毛泽东时代的好战士，要做一个好的共产党员。”首长的教导，我深深地印在脑海里。我一定要好好学习和工作，永远听党的话，听毛主席的话，跟党走，做毛主席的好战士。

练熟手中武器，
学好军事技术，
时刻准备着，
当党需要我，
我一定挺身而出，
不怕牺牲和一切困难，
永远忠于党，忠于人民。

★《雷锋日记》1960 年 11 月 × 日

《雷锋日记》1960 年 11 月 × 日

今天，我生长在幸福的毛泽东时代，处处感到温暖，祖国到处都有我慈祥的母亲——伟大的中国共产党对我无微不至的关怀和教育。我这一点点贡献比起党对我的要求和期望还做得很不够。我决心听党的话，好好学习，忘我地工作，积极参加劳动，奋发图强，勤俭建设社会主义。

练熟手中武器，学好军事技术，时刻准备着，当党需要我，我一定挺身而出，不怕牺牲和一切困难，永远忠于党，忠于人民。继承长辈优良的革命传统，为保卫社会主义建设，为保卫世界和平，我要把自己可爱的青春献给祖国最壮丽的事业，做一个真正的共产主义革命战士……

由于政治觉悟的不断提高，
树立了为共产主义而奋斗的大志，
在工作和学习中取得了一点点成绩，
这应该归功于党，
归功于帮助我的同志们。

★《雷锋日记》1960年12月28日

《雷锋日记》1960 年 12 月 28 日

马克思主义者认为，只有先做好群众的“学生”，才能做好群众的“先生”。“先生”是“学生”的发展，却不是“学生”的终结。如果不愿再以学生的姿态出现，便不能继续再当“先生”。毛主席说：“没有满腔的热忱，没有眼睛向下的决心，没有求知的渴望，没有放下臭架子、甘当小学生的精神，是一定不能做，也一定做不好的。”

毛主席说：“我们必须学会自己不懂的东西。”他又说：“无产阶级的最尖锐最有效的武器只有一个，那就是严肃的战斗的科学态度。共产党不靠吓人吃饭，而是靠马克思列宁主义的真理吃饭，靠实事求是吃饭，靠科学吃饭。”

我在党和毛主席的不断哺育和教导下，健康地成长起来。由于政治觉悟的不断提高，树立了为共产主义而奋斗的大志，在工作和学习中取得了一点点成绩，这应该归功于党，归功于帮助我的同志们。我一定永远牢记毛主席的教导，永远做群众的小学生。

我要永远忠于党，
保卫党的利益，
为党的事业奋斗终身。

★《雷锋日记》1961 年 1 月 1 日

《雷锋日记》1961 年 1 月 1 日

1960 年已过去了，新的 1961 年在今天已开始。今天我感到特别地高兴。入伍一年来，我在党和首长的培养教导下，由于同志们的帮助，使我学会了很多军事技术知识。刚入伍时什么也不懂，手拿着枪还心惊肉跳直怕走火。由于连、排首长把着我手教，因此我才学会了射击，投弹也是同样地取得了优秀的成绩。汽车理论和实际驾驶学习，每次测验也都是五分。从政治上也有很大的提高，特别是学习毛主席著作后，心里变得明亮了，思想和眼界变得更加开朗和远大了，干劲越来越足。由于政治觉悟的不断提高，因此才能在工作和学习中做出一点点成绩，并于 1960 年 11 月 8 日加入了伟大的中国共产党。我从一个流浪孤儿，成长为一个共产党员，这完全是党的培养教育、同志们帮助的结果。……我要永远忠于党，保卫党的利益，为党的事业奋斗终身。

跟着党走不会迷路。

跟着党走就有幸福。

★《跟着党走》1961 年 4 月

跟着党走

随着太阳不会挨冻，
跟着党走不会迷路。
随着太阳就有温暖，
跟着党走就有幸福。

亲爱的党，

我慈祥的母亲，

我要永远做您的忠实儿子……

为建设社会主义和实现共产主义而

献出自己的全部力量，

直至生命。

★《雷锋日记》1961 年 7 月 1 日

《雷锋日记》1961 年 7 月 1 日

今天早上起来，我感到格外地高兴，原因不是别的，昨晚我梦见了伟大的领袖毛主席。正好今天又是党建立四十周年的纪念日。今天，我有向党说不尽的话，感不尽的恩，表不完为党终身奋斗的决心。

我，一个孤苦的穷孩子，今天成长为一个解放军战士、光荣的共产党员，并当选为抚顺市人民代表，这一切是我做梦也想不到的。可以肯定地说，没有共产党，就没有我。每当朋友和同学及许多不相识的同志来信称赞我，羡慕我的进步的时候，我就感到很不安。我像一个学走路的孩子，党像母亲一样扶着我，领着我，教会我走路。我每成长一分，前进一步，这里面都渗透着党的亲切关怀和苦心栽培。

……

亲爱的党，我慈祥的母亲，我要永远做您的忠实儿子……为建设社会主义和实现共产主义而献出自己的全部力量，直至生命。

我要坚决听党的话，
一辈子跟着党走，
认真贯彻党的方针政策，
对党有利的话，有益的事，
我要多说、多做；
对党不利的话，没有益的事，
我坚决不说、不做。

★《雷锋日记》1961 年 8 月 3 日

《雷锋日记》1961 年 8 月 3 日

今天是我永远不能忘记的日子，我光荣地参加了抚顺市第四届人民代表大会第一次会议。像我这样一个给地主放猪出身的穷孩子，能够参加这样的大会，心里有说不出的高兴和感激。

首先我要衷心地感谢党和毛主席把我从虎口中救出来，把我抚育成人，教给我无产阶级的思想，感谢政府对我的亲切关怀和照顾，感激人民对我的爱戴。今天我深刻地认识到，只有在党和毛主席的正确领导下，才有我们穷人的天下，才有穷苦大众当家作主的权利，才有我们今天幸福的新生活。

……

我们的党，是英明的、伟大的、正确的。我要坚决听党的话，一辈子跟着党走，认真贯彻党的方针政策，对党有利的话，有益的事，我要多说、多做；对党不利的话，没有益的事，我坚决不说、不做。我要全心全意为人民服务，永生为伟大的共产主义事业而奋斗。

我要永远站在无产阶级的立场上，
永远忠于党、忠于人民、
忠于保卫祖国和世界和平的伟大事业，
做一个真正的共产主义革命战士。

★《雷锋日记》1961年9月22日

《雷锋日记》1961 年 9 月 22 日

毛主席写的《纪念白求恩》这篇文章，我早已读过，并为白求恩的国际主义精神和共产主义精神感动得流出了热泪，对我的教育和启发特别之大。白求恩那种毫不利己、专门利人的精神，鼓舞和鞭策了我的进步，使我所取得的收获不小。

今天副指导员又给我们上了这一课，我又反复地看了数遍，所受教育更为深刻。白求恩同志对待自己本行业务是那样刻苦地钻研，精益求精，为人类的解放事业献出了毕生精力和整个生命。可是我呢，为党、为人民又做了一些什么呢？对照起来，我感到万分惭愧和渺小。拿自己的技术学习来说，还不是那么刻苦钻研的，学得也不够深透。但是我相信，只要再加一把油，勤学苦练，虚心学习，是一定能把汽车开好的……一旦帝国主义发动侵略战争，我们就彻底、干净、全部地把它们歼灭。

通过这篇文章的学习，使我深刻认识到：一个人活着，就应该像白求恩同志那样，把自己的毕生精力和整个生命为人类的解放事业——共产主义全部献出。我要永远站在无产阶级的立场上，永远忠于党、忠于人民、忠于保卫祖国和世界和平的伟大事业，做一个真正的共产主义革命战士。

我要以黄继光、董存瑞、方志敏
等同志为榜样，
做一个热爱祖国、热爱人民，
永远忠于党、忠于人民革命事业的人。

★《雷锋日记》1961 年 11 月 26 日

《雷锋日记》1961 年 11 月 26 日

我学习了《毛泽东选集》一、二、三、四卷以后，感受最深的是，懂得了怎样做人，为谁活着……

我觉得自己活着，就是为了使别人过得更美好。

我要以黄继光、董存瑞、方志敏等同志为榜样，做一个热爱祖国、热爱人民，永远忠于党、忠于人民革命事业的人。

我永远是党的忠实儿女，
人民的勤务员。

★《永远是党的忠实儿女》1962 年 2 月 26 日

永远是党的忠实儿女

过去，
我是孤苦伶仃的穷光蛋。
现在，
我是一个光荣的共产党员，国家的主人。
将来，
我永远是党的忠实儿女，人民的勤务员。

你崇高的行为就是
献身于为人民服务，
为自己的祖国效忠，
为崇高的共产主义理想立功。

★《雷锋日记》1962 年 3 月 × 日

《雷锋日记》1962年3月×日

你崇高的行为就是献身于为人民服务，为自己的祖国效忠，为崇高的共产主义理想立功。

1962.4.17

一个人的作用，对于革命事业来说，就如一架机器上的一颗螺丝钉。机器由于有许许多多的螺丝钉的联接和固定，才成了一个坚实的整体，才能够运转自如，发挥它巨大的工作能力。螺丝钉虽小，其作用是不可估量的。我愿永远做一个螺丝钉。螺丝钉要经常保养和清洗，才不会生锈。人的思想也是这样，要经常检查，才不会出毛病。我要不断地加强学习，提高自己的思想觉悟，坚决听党和毛主席的话，经常开展批评与自我批评，随时清除思想上的毛病，在伟大的革命事业中做一个永不生锈的螺丝钉。

爱岗敬业

新时代的雷锋精神

电影《雷锋》剧照

保证以冲天的革命干劲，
以百战百胜的精神，
苦干、实干、巧干，
超额完成生产任务。

★《雷锋日记》1958 年 6 月 × 日

《雷锋日记》1958 年 6 月 × 日

一、保证克服一切困难，勤学苦练，早日学会技术。

二、保证破除迷信，大闹技术革命。

三、保证维护好机械，做到勤检查，勤注油；保证全年安全生产，不出机械和人身事故。

四、保证以冲天的革命干劲，以百战百胜的精神，苦干、实干、巧干，超额完成生产任务。

五、保证百分之百地参加学习和各种会议，以求得政治、文化、技术各方面的提高。

六、保证做好社会宣传工作，敢想、敢说、敢干，发挥一个共青团员应有的热能。

我一定要以实际行动，
来报答党对我的亲切关怀和照顾，
一定努力钻研，勤学苦练，
克服一切困难，忘我地工作，
争取做一个优秀的推土机驾驶员。

★《我学会开推土机了》（1959 年 2 月 24 日）

我学会开推土机了

2月24日是我永远不能忘记的日子！

这一天我第一次学会了开推土机，心情是何等的激动呵！

……

当我第一次爬上推土机驾驶台学习的时候，我真高兴得要跳起来。我坐在驾驶员的身边，专心地看他怎样操作，怎样转弯，怎样发动汽油机……李师傅一面驾驶，一面告诉我操作方法和各部分名称，我一点一滴都记在脑子里，并写在日记上。这几天我真是睡不着觉，老是想着推土机，在床上翻来覆去，回忆着李师傅的指教，只想不睡觉，起来又去学习就好；只想早一日学会，早日为祖国出一点力量。

……

我一定要以实际行动，来报答党对我的亲切关怀和照顾，一定努力钻研，勤学苦练，克服一切困难，忘我地工作，争取做一个优秀的推土机驾驶员。

——于鞍钢

爱护国家财产

★《雷锋日记》1959 年 11 月 14 日

《雷锋日记》1959 年 11 月 14 日

今天，我感到特别高兴，一天紧张工作过后，一点儿也不觉得疲劳，我感到浑身是劲。深夜了，我还坐在车间调度室里，看一本学习毛泽东同志的思想方法和工作方法的书，真使我看得入了迷，越看越使我感到毛主席的英明和伟大。

深夜 11 点钟了，走出门外，天黑得伸手不见五指，这时突然下起雨来了。陈调度员说，我们建筑焦炉工地上，还散放着七千二百袋水泥。陈调度员急得一时手足无措。……雨越下越大，这时，我猛然想到了党的教导，要我们爱护国家财产，又想到了我是一个共青团员。想到这些，一种无穷的力量鼓舞着我急忙跑到工地，用自己的被子，并脱下了衣服，抢着盖在水泥上。后来，我又跑到宿舍，发动了二十多个小伙子，组织了一个抢救水泥的突击队，他们有的忙着找雨布，有的忙着找芦席，盖的盖，抬的抬。经过一场紧张的战斗，避免了国家的财产受到重大的损失。

这时，我才松了一口气。抹掉了头上的汗，带着乐观的心情，昂首阔步回到了宿舍，回忆自己为国家、为党做的一点点工作而高兴。

我这么一点点贡献，
比起党对我的要求和希望
还是做得很不够的，
但是我有决心忘我地劳动，
赤胆忠心，
不骄不傲地乘胜前进。

★《雷锋日记》1959 年 11 月 26 日

《雷锋日记》1959 年 11 月 26 日

中午十二点，我刚从车间开完会回到宿舍，一进门就被大家围住了。小王拿着一张报纸跑到我跟前说："雷锋同志，你看，你上次在雨夜抢救水泥，登了共青团员报了！"当时，我也和大家同样感到高兴。这对我和大家来说，都是很大的鼓舞。……我这么一点点贡献，比起党对我的要求和希望还是做得很不够的，但是我有决心忘我地劳动，赤胆忠心，不骄不傲地乘胜前进。多为党做一些工作，这就是我感到最光荣的。

让我们携起友谊的手来，
共同建设社会主义和
实现共产主义社会。

★《致姑嫂城公社领导的信》1959 年 12 月 13 日

致姑嫂城公社领导的信

敬爱的姑嫂城公社领导同志：

你们好！

我自从去年从湖南省望城县委机关到鞍山工作，直到今年 9 月间，领导又把我调到弓长岭矿焦化车间工作，我到此地时间很短，以至对你们的联系很不够，请多多原谅吧！

为了响应党的号召，工业支援农业。我是一个共青团员，我应该听党的话。因此，我利用下班、上班、早晚以及星期日的休息时间，拾到大粪 300 来斤。我趁今天礼拜的休息时间，特地将大粪送给你们公社，以支援农业生产。请你们收下，祝你们取得明年农业生产的更大丰收。

让我们携起友谊的手来，共同建设社会主义和实现共产主义社会。

最后请你们今后多多帮助和指导我。

致以革命的敬礼

弓长岭矿焦化车间　雷锋

1959 年 12 月 13 日

工作上处处带头，
保证搞好团结，
帮助好同志，
做到见先进就学，
见困难就上，
见方便就让。

★《在授奖大会上的发言》1960 年 11 月 27 日

在授奖大会上的发言*

敬爱的首长、亲爱的全体战友：

……

我在党的教育下，特别是经过认真学习毛主席著作，才使我的思想和眼界变得更加开朗和远大，使我的干劲越来越高涨。我所取得的这一点点成绩，应归功于不断培养教育我成长的党和英明的毛主席，应归功于热情帮助我进步的同志们。我这么一点点贡献，比起党对我的要求和期望是很不够的。我决心鼓足更大的干劲，高举毛泽东思想红旗，做出更大的成绩。

我的保证是：

1. 听党的话，听毛主席的话，努力学习毛主席著作，做毛主席的好战士。

2. 继续努力，不怕困难，学习好政治、军事、文化、技术，保证成绩优秀。

3. 工作上处处带头，保证搞好团结，帮助好同志，做到见先进就学，见困难就上，见方便就让。

4. 严格遵守部队一切纪律，服从命令听指挥。

5. 发扬艰苦朴素、勤俭节约的优良传统，不乱花一分钱，不乱买一寸布，不掉一粒粮，做到省吃俭用，点滴积累，支援国家建设。

---

* 在这次授奖大会上，中共沈阳军区工程兵委员会宣布了授予雷锋“模范共青团员”称号的决定。

党分配他驾驶汽车，
每日就聚精会神坚守在机旁，
将机器擦得像闪光的明镜，
爱护它像爱护自己的眼睛一样。

★《穿上军装的时候》1960 年

穿上军装的时候

小青年实现了美丽的理想，
第一次穿上庄严的军装，
急着对照镜子，
心窝里飞出了金凤凰。
党分配他驾驶汽车，
每日就聚精会神坚守在机旁，
将机器擦得像闪光的明镜，
爱护它像爱护自己的眼睛一样。

今天党对我这样信任，
同志们对我这样尊重，
我一定要更加虚心，尊重大家，
努力学习，忘我工作，
时时牢记毛主席的教导，
永远做一个人民的小学生。

★《雷锋日记》1961 年 6 月 29 日

《雷锋日记》1961 年 6 月 29 日

十多年来，我在党的不断培养和教育下，提高了政治思想觉悟，树立了为共产主义事业奋斗到底的雄心大志，因此在各项工作和学习中取得了一点点成绩，党和人民给予了我很大的荣誉。自从去年各报刊和广播电台介绍了我的情况以后，收到了全国各地许多青年的来信。今天党对我这样信任，同志们对我这样尊重，我一定要更加虚心，尊重大家，努力学习，忘我工作，时时牢记毛主席的教导，永远做一个人民的小学生。

人民的子弟兵，
祖国的保卫者，
这个光荣的称号使我感到高兴，
我宁愿站到天亮也乐意。

★《雷锋日记》1961 年 9 月 20 日

《雷锋日记》1961 年 9 月 20 日

我在哨所周围来回流动，脑子里一个转又一个转地想着，汽车、油库、国家的许多财产、全连的安全，都掌握在卫兵的手里，如果麻痹大意，不提高警惕，万一敌人破坏，那将给国家和人民造成多大的损失。我感到自己责任的重大。比起红军长征的时候，天天打仗，经常几天几夜得不到休息，还是那样坚强勇敢、英勇奋战，我呢？人民的子弟兵，祖国的保卫者，这个光荣的称号使我感到高兴，我宁愿站到天亮也乐意。

每次轮到我站岗的时候，
不管是白天或黑夜，烈日或严寒，
我总是很愉快地去执行了。
这是因为我时刻想到：
我们是伟大的中国人民解放军，
是祖国的保卫者，
是人民最可爱的人。

★《雷锋日记》1961 年 10 月 18 日

《雷锋日记》1961 年 10 月 18 日

有的同志晚上不愿意站岗。白天工作学习忙，比较疲劳，晚上睡得甜蜜蜜的，叫起来站岗，是有一点不是滋味。可是，他们没有想到，站岗是党和人民交给我们的一项光荣而艰巨的任务。每次轮到我站岗的时候，不管是白天或黑夜，烈日或严寒，我总是很愉快地去执行了。这是因为我时刻想到：我们是伟大的中国人民解放军，是祖国的保卫者，是人民最可爱的人。

过硬的功夫是在冰天雪地里锻炼出来的。

★《雷锋日记》1962 年 1 月 16 日

《雷锋日记》1962 年 1 月 16 日

今天下了大雪，刮着刺骨的北风。为了使车辆经常保持良好的技术状态，随时开得动，我和韩玉臣同志主动到车场保养车辆。双手拿着冰冷的工具，调整和修理铁的机器，的确冷得很，有时手拿着铁的机件，就把手和机件粘在一起了。特别是双手伸到汽油里去清洗机件，更把手指冰得好像针扎一样，我真想去烤烤火。可是，一想起连长在军人大会上的报告："在三九天里保养车是一个艰巨的战斗任务，过硬的功夫是在冰天雪地里锻炼出来的。"我感到有一股暖流立刻传遍了全身，觉得有了无穷的力量，打消了烤火的念头，继续清洗机件。经过 8 个多小时野外苦战，终于把汽车保养好了。虽然手冻裂了口子，但是锻炼了自己的意志，提高了技术。

我要积极肯干，做到说干就干，
干就干好，脚踏实地、实事求是地干，
千方百计地干，事事拣重担子挑，
顺利时干得欢，
受挫折时也要干得欢，
扎扎实实地干，
一定要把事情办好。

★《雷锋日记》1962 年 2 月 19 日

《雷锋日记》1962 年 2 月 19 日

今天是我永远不能忘的日子。像我这样一个穷孩子，能光荣地参加这次沈阳部队召开的首届团代会，感到万分的激动，能见到上级首长，直接听到首长的报告和指示，更是感到荣幸。首长特邀我参加这次隆重的团代会，并选我为主席团的成员，能和首长坐在一起，能和来自四面八方的英雄模范见面等等，这一切都是我过去做梦也想不到的。我这次参加团代会，既感到高兴，又感到惭愧。高兴的是：有党和毛主席的好领导，全军共青团工作取得了巨大的成就；惭愧的是：我为党和人民做的工作太少了，比起其他的代表，我差得太远了。但是我决不甘心落后。我想，只要听党和毛主席的话，积极肯干，就能为祖国为人民做出许多好事。我相信自己，别人能做到的事，我一定能做到。我决不辜负党和人民对我的期望，决心从以下几个方面努力：

……

四、我要积极肯干，做到说干就干，干就干好，脚踏实地、实事求是地干，千方百计地干，事事拣重担子挑，顺利时干得欢，受挫折时也要干得欢，扎扎实实地干，一定要把事情办好。

人若没干劲，

好像没有蒸汽的火车头，不能动；

像没长翅膀的鸟，不能飞。

★《雷锋日记》1962年3月×日

《雷锋日记》1962 年 3 月 × 日

生活中一切大的和好的东西全是由小的、不显眼的东西累积起来的。

人若没干劲，好像没有蒸汽的火车头，不能动；像没长翅膀的鸟，不能飞。

抢救同志要紧

★《雷锋日记》1962年6月22日

《雷锋日记》1962 年 6 月 22 日

从 3 月 16 日到今天，我开的汽车已安全行驶了 4000 多公里，没有发生事故，圆满地完成了上级首长交给的各项任务。

为了使车辆经常处于良好的技术状况，准备迎接新的任务，首长给了我一天时间保养车。从今早 6 点钟开始工作，我清洗了燃油系，检查调整了电路，底盘各部机件打了黄油。当我把全车螺丝检查紧定完毕的时候，接到首长的指示，叫我马上出车，护送一个重病号到卫生连。我急忙收拾工具，出车护送。临走前，我看了下手表，已是下午 1 点了。这时我的肚子也感到有些空了。凑巧，我连炊事员给我送来了一盒午饭，大家叫我吃了饭再走。但是我想：阶级兄弟病重，处在紧要关头，抢救同志要紧，不能耽误时间，于是启车出发。

经过两个多小时急行车，终于把病号按时送到了卫生连，顺利地完成了任务。这时，我才松了一口气，感到格外的痛快。

完成任务要紧，
牺牲个人休息，
没有什么。

★《雷锋日记》1962年8月5日

《雷锋日记》1962年8月5日

今天是星期日，本来应该休息。可是因为任务重、工作忙，再加上汽车行驶里程到了二级技术保养期间，我想：完成任务要紧，保养好车辆重要，牺牲个人休息嘛，没有什么。因此，我还是照常工作。上午调整了汽车各部间隙，换了手制动片。下午送工作组首长到我团工作，一路很平安……

只有依靠伟大的党和广大群众，
克服一切困难，
积极热情地工作，
才会做出成绩。

★《致化工总厂党委的信》

致化工总厂党委的信

敬爱的党委和全体师傅以及青年朋友：

今天我以万分高兴的心情来参加这次大会……

今天我又感到十分惭愧，我入厂到现在没有为党做出多大的成绩。通过今天的大会，我明确了只有依靠伟大的党和广大群众，克服一切困难，积极热情地工作，才会做出成绩。现在我只有以实际行动，以出色的成绩来感谢党和师傅们的亲切关怀和照顾。

在这里，我向党宣誓，向党保证：

一、我保证听党的话，服从组织调配。

二、向先进学习，破除迷信，发扬敢想敢干的共产主义的高尚风格，向科学堡垒进攻。

三、保证勤学苦练，虚心向师傅们请教，求得对机械的彻底了解和运用。

四、保证百分之百出勤。

五、保证按时参加各种会议和学习，在近两年内达到能文能武的多面手。

六、不违反劳动纪律，踏踏实实地工作。

此致

敬礼！

雷锋

日记

61.10.20.

人的生命是有限的，可是，为人民服务是无限的，我要把有限的生命，投入到无限的为人民服务之中去……。

无私奉献

新时代的雷锋精神

电影《雷锋》剧照

在生活的仓库里，

我们不应该只是个无穷尽的支付者。

★《雷锋日记》1958 年 6 月 7 日

《雷锋日记》1958 年 6 月 7 日

……如果你是一滴水，你是否滋润了一寸土地？如果你是一线阳光，你是否照亮了一分黑暗？如果你是一颗粮食，你是否哺育了有用的生命？如果你是一颗最小的螺丝钉，你是否永远坚守在你生活的岗位上？如果你要告诉我们什么思想，你是否在日夜宣扬那最美丽的理想？你既然活着，你又是否为未来的人类的生活付出你的劳动，使世界一天天变得更美丽？我想问你，为未来带来了什么？在生活的仓库里，我们不应该只是个无穷尽的支付者。

要能够为党的利益，

为集体的利益不惜牺牲自己的利益。

否则就是个人主义者，

是资产阶级的人生观。

★《雷锋日记》1959 年 12 月 8 日

《雷锋日记》1959 年 12 月 8 日

一个革命者，当他一进入革命行列的时候，就首先要确立坚定不移的革命人生观。……树立这样的人生观，就必须培养自己的思想道德品质，处处为党的利益，为人民的利益着想，具有大公无私、舍己为人的风格。……要能够为党的利益，为集体的利益不惜牺牲自己的利益。否则就是个人主义者，是资产阶级的人生观。

个子小，我也要尽我自己最大的力量，
做到毫不利己，专门利人，
向伟大的国际主义战士白求恩学习。

★《雷锋日记》1960 年 2 月 15 日

《雷锋日记》1960 年 2 月 15 日

敬爱的毛主席，我看到您写的《纪念白求恩》这篇文章，深受教育，被感动得流下了热泪。

过去有人讽刺我说：“你积极有什么用，那么点的小个子，给你 150 斤重的担子，你就担不起来。”我听了这话，还埋怨自己为啥长这么点小个子呢！

可是，您老人家说：“一个人能力有大小，但只要有这点精神，就是一个高尚的人，一个纯粹的人，一个有道德的人，一个脱离了低级趣味的人，一个有益于人民的人。”这话给我很大鼓舞。个子小，我也要尽我自己最大的力量，做到毫不利己，专门利人，向伟大的国际主义战士白求恩学习。

现在国家和人民有困难，
我是一名中国人民解放军战士，
我一定要挺身而出，
以实际行动来支援灾区人民。

★《致中共辽阳市委的信》1960 年 8 月 28 日

致中共辽阳市委的信

敬爱的辽阳市委：

我是 7343 部队 15 分队的一名新战士，我名叫雷锋，是今年 1 月从辽阳弓长岭矿入伍到部队的。由于部队党委和首长对我的不断教育和培养，使我的政治觉悟不断地提高，使我的思想和眼界变得更加的开朗和远大。

现在党中央向全国人民发出了增产节约的号召。目前，在我们的部队里，已掀起了一个轰轰烈烈的增产节约的高潮。我是一个共青团员，我应该积极地响应党中央的这一号召，我看到最近以来，辽阳遭受了百年没有过的大洪水的侵袭，因此使国家和人民的财产受到了很大的损失。现在国家和人民有困难，我是一名中国人民解放军战士，我一定要挺身而出，以实际行动来支援灾区人民。

……

今天我怀着万分高兴的心情，将我节约的 100 元钱寄给你们，支援灾区人民公社发展生产。

……

最后请市委对我多多培养，使我不断前进。

此致

敬礼！

中国人民解放军沈阳部队工程兵战士　雷锋

1960 年 8 月 28 日

我要永远忠于党，

永远做人民的勤务员。

★《一封慰问信》1961 年 2 月 16 日

一封慰问信

敬爱的西部医院全体休养员同志们：

你们好，在这新春佳节里，我十分想念你们……我呢？从小就死去了自己的父母哥弟，剩下了孤孤单单的我，在旧社会，过着人不如狗的苦日子。解放后，在党和毛主席的抚育下，我从一个幼稚无知的穷孩子，成长为一名解放军战士，光荣的共产党员。今天党和毛主席就是我慈祥的母亲，全国6亿多人民就是我的阶级兄弟，在这革命的大家庭里，让我们共同欢度新春佳节吧。

今天我怀着万分高兴的心情给你们写这封信。首先向你们致以亲切的慰问和祝贺！精神愉快吧？生活过得好吗？一切都好吗？祝你们早日恢复健康，节日愉快。

我是人民的子弟兵，我一定要握紧手中武器，保卫我们的社会主义建设，保卫世界和平。我要永远忠于党，永远做人民的勤务员。我愿为党和阶级的最高利益牺牲自己的一切直至生命。在这新春佳节里，我非常想念你们，只有把自己领到的一斤苹果作为春节送给你们的礼物，以表表自己的心意。

此致

敬礼！

祝你们春节快乐！

7343部队战士　雷锋

1961年2月16日

我是人民的子弟兵，
一定要永远牢记党和毛主席的教导，
无论什么时候，
都要关怀爱护人民群众的利益，
为人民群众的利益而战斗不息。

★《雷锋日记》1961 年 3 月 3 日

《雷锋日记》1961年3月3日

今天我学习了毛著，主席有一段话，对我的教育最深刻，启发最大。

毛主席说："紧紧地和中国人民站在一起，全心全意地为中国人民服务，就是这个军队的唯一的宗旨。"我是人民的子弟兵，一定要永远牢记党和毛主席的教导，无论什么时候，都要关怀爱护人民群众的利益，为人民群众的利益而战斗不息。

我们的党、政府和全国人民对革命军人的关怀和照顾，是无微不至的。作为一个革命战士的我，是多么的自豪啊！但是我不能骄傲，一定牢牢记住党和人民对我的嘱托，努力学习，积极工作，勇敢战斗，保持和发扬人民军队的优良传统。

……

劳动是世界上最光荣的事，

劳动者是世界上最体面的人。

★《雷锋日记》1961 年 3 月 16 日

《雷锋日记》1961年3月16日

世界上最光荣的事——劳动。

世界上最体面的人——劳动者。

只有人民、没有自己

★《雷锋日记》1961 年 3 月 × 日

《雷锋日记》1961年3月×日

凡是脑子里只有人民、没有自己的人，就一定能得到崇高的荣誉和威信。反之，如果脑子里只有个人、没有人民的人，他们迟早会被人民唾弃。

为社会主义建设
孜孜不倦地工作的
人的灵魂是最美的。

★《雷锋日记》1961 年 3 月 × 日

《雷锋日记》1961 年 3 月 × 日

什么是时代的美？战士那褪了色的、补了补丁的黄军装是最美的，工人那一身油渍斑斑的蓝工装是最美的，农民那一双粗壮的、满是厚茧的手是最美的。劳动人民那被烈日晒得黝黑的脸是最美的，粗犷雄壮的劳动号子是最美的，为社会主义建设孜孜不倦地工作的人的灵魂是最美的。这一切构成了我们时代的美。如果谁认为这并不美，那他就不懂得我们的时代。

为了党和人民的事业，
我总想多贡献一点力量，
那些个人的军衔级别，
我真没时间考虑。

★《雷锋日记》1961 年 4 月 24 日

《雷锋日记》1961 年 4 月 24 日

我到了 ×× 部队，好几个战友的眼睛出神地看着我。其中一个同志说：“是雷锋！”另一个上士同志说：“不是，雷锋一定是下士了，哪能还是一个上等兵呢？他可能是雷锋班里的战士吧。”他们都不敢肯定我是不是。和我一同去的同志对他们说：“你们不认识他吗？他就是雷锋。”我笑着和他们握了手，并问好。其中有个战友可有意思，他伸出大拇指对我说：“你是这个，呱呱叫的，起先我们都不敢认你，想必你一定是个下士了。”我笑着回答说：“当兵很好嘛，都是为着一个目标——实现共产主义。”

我仔细分析了一下，他们想我一定是下士了，也许是有点“根据”。因报纸上都宣传过，同时党和首长都很信任，一定要提升得快一些。可是，他们没考虑到工作需不需要的问题。为了党和人民的事业，我总想多贡献一点力量，那些个人的军衔级别，我真没时间考虑。

当我想起

我所经历的一切太平凡了的时候，

我就时刻准备着：

当党和人民需要我的时候，

我愿意献出自己的一切。

★《雷锋日记》1961 年 5 月 4 日

《雷锋日记》1961 年 5 月 4 日

党和毛主席救了我的命，是我慈祥的母亲。我为党做了些什么？当我想起党的恩情，恨不得立刻掏出自己的心。当我想起我所经历的一切太平凡了的时候，我就时刻准备着：当党和人民需要我的时候，我愿意献出自己的一切。

我不但爱这些老太太，
而且爱全国人民，
爱全世界的穷苦大众。
他们都是我的亲人，
我要为他们的自由、解放、幸福
而贡献自己毕生的全部精力，
直至最宝贵的生命。

★《雷锋日记》1961 年 8 月 6 日

《雷锋日记》1961 年 8 月 6 日

我看见有六位六七十岁的老太太来参加抚顺市第四届人民代表大会，内心十分羡慕和尊敬。我看到她们就好像看到了自己的祖母一样。拉着她们的手，微笑地向她们问好，并把她们一个个送到宿舍，给她们倒茶、打水……并和她们有趣地拉家常。……我不但爱这些老太太，而且爱全国人民，爱全世界的穷苦大众。他们都是我的亲人，我要为他们的自由、解放、幸福而贡献自己毕生的全部精力，直至最宝贵的生命。

人民的困难，
就是我的困难，
帮助人民克服困难，
贡献自己的一点力量，
是我应尽的责任。

★《雷锋日记》1961 年 9 月 11 日

《雷锋日记》1961年9月11日

人民的困难，就是我的困难，帮助人民克服困难，贡献自己的一点力量，是我应尽的责任。我是主人，是广大劳苦大众当中的一员，我能帮助人民克服一点困难，是最幸福的。

我活着，只有一个目的，
就是做一个对人民有用的人。
当祖国和人民处在最危急的关头，
我就挺身而出，不怕牺牲。
生为人民生，死为人民死。

★《雷锋日记》1961 年 10 月 3 日

《雷锋日记》1961年10月3日

人生总有一死，有的轻如鸿毛，有的却重如泰山。我觉得一个革命者活着就应该把毕生精力和整个生命为人类解放事业——共产主义全部献出。我活着，只有一个目的，就是做一个对人民有用的人。

当祖国和人民处在最危急的关头，我就挺身而出，不怕牺牲。生为人民生，死为人民死。

我觉得一个真正的革命者，
他是大公无私的，
所作所为，
都是对人民有益的……

★《雷锋日记》1961 年 10 月 10 日

《雷锋日记》1961 年 10 月 10 日

我觉得一个真正的革命者，他是大公无私的，所作所为，都是对人民有益的，他的责任是没有边的……

要把有限的生命，

投入到无限的为人民服务之中去……

★《雷锋日记》1961 年 10 月 20 日

《雷锋日记》1961 年 10 月 20 日

人的生命是有限的，可是，为人民服务是无限的，我要把有限的生命，投入到无限的为人民服务之中去……

凡是对人民有利的事，
就坚决拥护，积极去做，
宁肯牺牲个人的一切。
凡是对人民不利的事，
坚决不做，并进行斗争。

★《做一个有益于人民的人》1961 年

做一个有益于人民的人

……

通过学习毛主席的著作，我的政治觉悟、思想水平得到了很大的提高。我懂得了毛主席说的一个人的能力有大小，但只要有这点精神——为共产主义奋斗到底的精神，就是一个高尚的人，一个纯粹的人，一个有道德的人，一个脱离了低级趣味的人，一个有益于人民的人。毛主席教导我们要学习白求恩毫不利己的共产主义精神，使我认识到：作为一个人民战士，首先必须改造自己的世界观，具有高尚的共产主义精神，坚定的无产阶级立场，鲜明的人道主义观点，全心全意为广大劳动人民服务。从此我就决心向白求恩同志学习，做个有益于人民的人。

我从小就生长在毛主席的故乡，经常听到老人讲毛主席在小时候就很关心穷人、为人民做好事的故事。又通过几年来的学习毛主席著作，更加深了对毛主席的热爱。我深刻地认识到：毛主席的伟大实践过程，也就是全心全意为人民服务的过程。这给我的启发很大，教育很深。因此，我给自己规定：凡是对人民有利的事，就坚决拥护，积极去做，宁肯牺牲个人的一切。凡是对人民不利的事，坚决不做，并进行斗争。用它当做一个标尺，经常来衡量自己，检查自己，鞭策自己，这样也就促使我时时刻刻想为人民做点好事。有时我走路也想，吃饭也想，睡觉还想，看到一个问题或一件新事也想。不让一切不利于革命事业的个人利益、个人虚荣等等肮脏的、低级趣味的东西来玷污自己。

……

一个人，只要大公无私，
处处从党和人民的利益出发，
兢兢业业为党工作，
老老实实为人民服务，
就是一个有益于人民的人。
一个人只要他不存私心，
时时刻刻考虑人民的利益，
全心全意地去为人民服务，
他就能成为一个道德高尚的人。

★《雷锋日记》1961 年 × 月 × 日

《雷锋日记》1961年×月×日

学习《纪念白求恩》

一个人能力有大小，但只要有这点精神，就是一个高尚的人，一个纯粹的人，一个有道德的人，一个脱离了低级趣味的人，一个有益于人民的人。

我决心听毛主席的话……事事大公无私，处处从党和人民的利益出发，全心全意为人民服务，决不让有一点肮脏的个人利益低级趣味的东西来玷污自己。向白求恩学习，做一个毫不利己、专门利人的人，为共产主义奋斗终身。

一个人，只要大公无私，处处从党和人民的利益出发，兢兢业业为党工作，老老实实为人民服务，就是一个有益于人民的人。

一个人只要他不存私心，时时刻刻考虑人民的利益，全心全意地去为人民服务，他就能成为一个道德高尚的人。

加强工作责任心，对同志对人民要忠诚，要热情，要关心，要互相帮助。

一个革命战士必须具有把一切献身于无产阶级革命事业的崇高理想。

不但要有好的思想，而且还要有高超的技术，才能更好地为人民服务。

文章的结尾告诉了我们要做一个什么样的人。

我活着就要做一个对人民有用的人。

把别人的困难当成自己的困难，

把同志的愉快看成是自己的幸福。

★《雷锋日记》1962 年 2 月 12 日

《雷锋日记》1962年2月12日

一个共产党员是人民的勤务员，应当把别人的困难当成自己的困难，把同志的愉快看成是自己的幸福。

用自己的双手创造财富，
为人类的解放事业——共产主义
贡献自己的一切，
这才是最幸福的。

★《雷锋日记》1962 年 4 月 4 日

《雷锋日记》1962 年 4 月 4 日

有人说：人生在世，吃好、穿好、玩好是最幸福的。

我觉得人生在世，只有勤劳，发奋图强，用自己的双手创造财富，为人类的解放事业——共产主义贡献自己的一切，这才是最幸福的。

螺丝钉虽小，其作用是不可估量的。我愿永远做一个螺丝钉。

★《雷锋日记》1962 年 4 月 17 日

《雷锋日记》1962 年 4 月 17 日

一个人的作用，对于革命事业来说，就如一架机器上的一颗螺丝钉。机器由于有许许多多的螺丝钉的连接和固定，才成了一个坚实的整体，才能够运转自如，发挥它巨大的工作能力。螺丝钉虽小，其作用是不可估量的。我愿永远做一个螺丝钉。

螺丝钉要经常保养和清洗，才不会生锈。人的思想也是这样，要经常检查，才不会出毛病。

我要不断地加强学习，提高自己的思想觉悟，坚决听党和毛主席的话，经常开展批评与自我批评，随时清除思想上的毛病，在伟大的革命事业中做一个永不生锈的螺丝钉。

我们吃饭是为了活着，
可活着不是为了吃饭。
我活着是为了全心全意为人民服务，
是为人类的解放事业
——共产主义而斗争。

★《雷锋日记》1962 年 8 月 6 日

《雷锋日记》1962 年 8 月 6 日

我今天听一位同志对另一位同志说："人活着就是为了吃饭……"我觉得这种说法不对，我们吃饭是为了活着，可活着不是为了吃饭。我活着是为了全心全意为人民服务，是为人类的解放事业——共产主义而斗争。

虚心向老战士学习，刻苦钻研加强军事学习，随时准备打击敌人。

5. 克服一切困难，发扬长辈优良的革命传统，我要坚决和敌人的斗争到底，在敌人面前决不会屈服、投降，我一定要为党贡献青春和生命，在生死关头也不怕的斗争。

6. 我要努力学习政治、军事、文化，我要好好的锻炼身体，我一定要在部队争取立功，当英雄，我一定要做一个毛泽东时代的好战士，我要把我的一切献给我们伟大的祖国和伟大的党。

以上六条是我努力的方向和我的奋斗目标。

今天我太高兴，我太激动了，千言万语一下子是写不完的，因此写到这里告一段落。

写于营口市第一营 60.1.8

集体主义

新时代的雷锋精神

电影《雷锋》剧照

一花独秀不是春，
百花齐放春满园。

★《在鞍钢授奖大会上的发言》1959 年 9 月

在鞍钢授奖大会上的发言

我这样一个孤苦伶仃的穷孩子，今天能够参加这样光荣的大会，心中感到十分光荣，万分感激党对我的教育和培养。我的一切都是党给我的。光荣应该归于教育我成长的党，应该归于热情帮助我进步的同志们。

我懂得一朵花打扮不出春天来，只有百花齐放才能春色满园的道理。

一花独秀不是春，百花齐放春满园。

一滴水，只有放进大海里，
才永远不会干涸；
一个人，
只有当他把自己和集体事业
融合在一起的时候才能最有力量。

★《雷锋日记》1959年10月25日

《雷锋日记》1959 年 10 月 25 日

青春啊！永远是美好的，可是真正的青春，只属于这些永远力争上游的人，永远忘我劳动的人，永远谦虚的人。

一滴水，只有放进大海里，才永远不会干涸；一个人，只有当他把自己和集体事业融合在一起的时候才能最有力量。

力量从团结来，
智慧从劳动来。
行动从思想来，
荣誉从集体来。

★《雷锋日记》1960 年 3 月 × 日

《雷锋日记》1960 年 3 月 × 日

我学习了毛主席著作以后，懂得了不少道理，脑子里一豁亮，越干越有劲，总觉得这股劲儿永远也使不败。

我为群众尽了一点自己应尽的义务，党却给了我极大的荣誉，去年被评为先进生产者，并出席了鞍山市青年建设积极分子大会。这完全是由于党的培养，是由于毛主席思想给了我无穷的力量，是由于广大群众支持的结果。我要永远地记住：

“一滴水只有放进大海里才能永远不干，一个人只有当他把自己和集体事业融合一起的时候才能有力量。”

“力量从团结来，智慧从劳动来。

行动从思想来，荣誉从集体来。”

我要永远戒骄戒躁，不断前进。

牢牢记住，

并且要贯穿到自己的生活和

实际行动中去——

革命的利益高于一切，

处处为集体利益

而不惜牺牲个人的一切。

★《雷锋日记》1961 年 5 月 3 日

《雷锋日记》1961 年 5 月 3 日

我看到一位同志做了一件损公利己的事，心里过不去，立即批评和制止了他。爱护国家和人民财产是我的责任，不能不管，今后还应该大胆地管。

牢牢记住，并且要贯穿到自己的生活和实际行动中去——革命的利益高于一切，处处为集体利益而不惜牺牲个人的一切。

一个人的力量毕竟是有限的，
走不远，飞不高，
好比一条条小渠，
如果不汇入江河，
永远也不能汹涌澎湃，
一泻千里。

★《雷锋日记》1962年3月9日

《雷锋日记》1962 年 3 月 9 日

我懂得，一个人只要听党和毛主席的话，积极工作，就能为党做很多好事情。但，一个人的力量毕竟是有限的，走不远，飞不高，好比一条条小渠，如果不汇入江河，永远也不能汹涌澎湃，一泻千里。

只有集体利益富裕了，
个人利益才能得到满足，
如果没有集体的利益，
哪还有什么个人的利益呢？

★《雷锋日记》1962年6月25日

《雷锋日记》1962年6月25日

我听有些人说：当兵不合算，挣不到钱，不如在家种二亩自留地，既有花的，又有吃的……

我认为这种人对个人利益和集体利益的关系认识不足。俗话说："大河涨水，小河满；大河无水，小河干。"同样的，只有集体利益富裕了，个人利益才能得到满足，如果没有集体的利益，哪还有什么个人的利益呢？

我认为个人和集体的关系，
正像细胞和人的整个身体的关系一样。
当人的身体受到损害的时候，
身上的细胞就不可避免也要受到损害。
同样的，我们每个人的
幸福也依赖于祖国的繁荣，
如果损害了祖国的利益，
我们每个人就得不到幸福！

★《雷锋日记》1962 年 6 月 28 日

《雷锋日记》1962年6月28日

有些人对个人和集体的关系认识不清，因此做工作、办事情、处理问题等，只顾个人，不顾集体。这样，就会给革命造成损失，给集体造成不利。我觉得正确认识个人和集体的关系是很重要的。

我认为个人和集体的关系，正像细胞和人的整个身体的关系一样。当人的身体受到损害的时候，身上的细胞就不可避免也要受到损害。同样的，我们每个人的幸福也依赖于祖国的繁荣，如果损害了祖国的利益，我们每个人就得不到幸福！

个人主义好比大海中的孤舟，
遇到风浪，一碰就翻。
集体主义好比北冰洋上的原子破冰船，
任凭什么坚冰都可以摧毁。

★《雷锋日记》1962 年 6 月 30 日

《雷锋日记》1962 年 6 月 30 日

我认为，一个革命者，要树立牢固的集体主义思想，时刻都要把集体利益放在第一位。同时还要坚决打消个人主义，因为个人主义对革命不利，对集体有损害。个人主义好比大海中的孤舟，遇到风浪，一碰就翻。集体主义好比北冰洋上的原子破冰船，任凭什么坚冰都可以摧毁。我认为坐在小舟里摇摇晃晃不好，还是坐在原子破冰船上乘风破浪一往无前为好。

1962年3月6日 星期 [illegible]

我是党的儿子，

人民的勤务员，

我走到哪里，哪里就是我的家，

我就在哪里工作。

1962年3月8日 星期 [illegible]

过去，我是被人们丢掉了的穷光蛋。

现在，我是国家的主人。

我像小孩样，有了亲人，才有自己的幸运。

群众路线

新时代的雷锋精神

电影《雷锋》剧照

我一定虚心向群众学习，
永远做群众的小学生。

★《雷锋日记》1960 年 6 月 × 日

《雷锋日记》1960年6月×日

单丝不成线，独木不成林。一个人是办不了大事的，群众的事一定要发动群众、依靠群众自己来办。……我一定虚心向群众学习，永远做群众的小学生。只有这样，才能做好工作，才能不断进步。

我深切地感到：当你和群众交上了知心朋友，受到群众的拥护，这样会给你带来无穷的力量，再大的困难也能克服，无论在什么艰苦的环境中，都会使你感到温暖和幸福。

我真正懂得了群众的力量能移山填海，
只有群众的力量是无穷无尽的，
一个人的力量总是沧海一粟。

★《雷锋日记》1961 年 4 月 16 日

《雷锋日记》1961年4月16日

热情，像熊熊的火焰，是一切的原动力！

有了伟大的热情，才有伟大的行动！

今天是星期日。有的同志叫我上街看电影……在这风和日丽的春天里，正是农忙的季节，公社的社员们都在紧张而又忙碌地耕地、播种。我是一个农家的孩子，现在虽然成了一名祖国的保卫者，可是我有责任支援农业，改变农村的面貌，为农业早日机械化、电气化贡献一点力量。

想到这些，我哪里有心看电影呢？拿着铁锹跑到了抚顺李石寨人民公社万众生产大队，和社员们一起翻地。他们的革命干劲深深地教育和鼓舞了我，他们建设新农村的革命热情是万分高涨的。我真正懂得了群众的力量能移山填海，只有群众的力量是无穷无尽的，一个人的力量总是沧海一粟。我决心永远和群众牢牢地站在一起，为人类最美好幸福的生活而斗争。

我们的同志不论到什么地方，
都要把和群众的关系搞好，
要关心群众，
帮助他们解决困难。

★《雷锋日记》1961 年 4 月 27 日

《雷锋日记》1961 年 4 月 27 日

今天上午，我在旅顺海军 ×× 舰上，向海军首长和战友汇报了自己的一切工作、学习和生活在两个不同的社会里的两种不同的命运的情况。当我讲到在旧社会那种悲惨遭遇时，舰长和海军战友都掉下了眼泪，我更是悲痛万分！我是无产阶级革命战士，只有化悲痛为一切前进力量，将革命进行到底，为人类的解放而斗争。

下午 1 点钟，我乘火车离旅顺回沈阳，在列车上看到一位有病的老大爷，我把座位让给了他老人家，并问他是什么病，他半天才说了一句："痨病十多年啦！"我问他在旅行当中有什么困难，他说："我到丹东还差一元钱买车票，我还没吃午饭呢！"毛主席教导我们说："我们的同志不论到什么地方，都要把和群众的关系搞好，要关心群众，帮助他们解决困难。"于是，我帮助他解决了旅途中的困难。

今后我无论做什么，
一定要走群众路线，
依靠群众，
发动群众，
团结群众，
一道为社会主义建设和
实现共产主义而贡献力量。

★《雷锋日记》1961 年 10 月 2 日

《雷锋日记》1961 年 10 月 2 日

我做事，老好一个人去干，不爱叫别人，生怕人家不高兴。就拿扫地来说，我每天早上忙得不可开交，有的同志却闲着没事，自己累得够呛，可是扫的地段不大。有时室外卫生没有及时打扫，首长看了不满意，我为这个问题真有点着急。

今天连长找我谈话，句句打动了我的心。他说："火车头的力量很大，如果脱离了车厢，就起不到什么作用。一个人做工作，如果脱离了群众，就会一事无成……"连长的话给了我很大的教育和启发，使我懂得了一个人只有和集体结合在一起才能最有力量。今天我发动了全班的同志打扫卫生，由于大家一齐动手，很快就把室内室外打扫得干干净净，事实证明连长的话是正确的。今后我无论做什么，一定要走群众路线，依靠群众，发动群众，团结群众，一道为社会主义建设和实现共产主义而贡献力量。

要密切联系群众，
虚心地向群众学习，和群众打成一片，
戒骄戒躁，在人民面前不摆架子，
遇事同群众商量，
与群众同甘苦共患难，
随时随地都要接受群众的批评和监督。

★《在望花区军烈属、复员退伍军人代表大会上的发言》
1962年8月1日

在望花区军烈属、复员退伍军人代表大会上的发言

亲爱的各位代表们：

……

坚决在党的领导下，鼓足干劲，力争上游，充分发挥生产积极性和创造性，在社会主义各项事业中做出优异成绩，争取更大光荣。用支援前线，支援解放军的实际行动来回答党和政府对我们无微不至的关怀。

为了实现上述目的，我们保证做到：

（一）永远听党的话，努力学习马克思列宁主义和毛主席著作，牢固地树立起全心全意为人民服务的思想，保持蓬勃的革命朝气，钻研业务，提高本领，服从领导，遵守纪律，用百折不挠的意志，克服前进道路上的一切困难。

（二）要密切联系群众，虚心地向群众学习，和群众打成一片，戒骄戒躁，在人民面前不摆架子，遇事同群众商量，与群众同甘苦共患难，随时随地都要接受群众的批评和监督。

（三）发扬勤俭建国，勤俭建军，勤俭持家，勤俭办一切事业的精神，永远保持艰苦朴素作风，厉行节约，反对浪费，爱护公物，树立坚定的共产主义思想，克服非无产阶级的思想意识。

日记

61、4、26　　晴

我学了毛选一二三四卷以后，感受最深的是，懂得了怎样做人，为什么活着……

我觉得要使自己活着，就是为了使别人过得更美好。

并要以黄继光、董存瑞、方志敏等同志为榜样，做一个忠于祖国、热爱人民、永远忠于党、忠于人民革命事业的人。

助人为乐

新时代的雷锋精神

电影《雷锋》剧照

对待同志要像春天般的温暖，
对待工作要像夏天一样的火热，
对待个人主义要像秋风扫落叶一样，
对待敌人要像严冬一样残酷无情。

★《雷锋日记》1960 年 10 月 21 日

《雷锋日记》1960 年 10 月 21 日

今天吃过早饭，连首长给了我们一个任务，上山割草拉回来盖菜窖。……到了 12 点，排副吹起了集合的哨子，大家拿着自己从连里带来的一盒饭，到达了集合地点，排副说：你们吃中饭吧。

我发现 ××× 同志坐在一旁看着大家吃饭，我走到他跟前，问他为啥不吃饭，他回答说：我今天早上吃了两盒饭，没有带饭来。于是我拿出了自己带的一盒饭给他吃。我虽然饿一点，让他吃得饱饱的，这是我最大的快乐。我要牢牢记住这段名言：

“对待同志要像春天般的温暖，

对待工作要像夏天一样的火热，

对待个人主义要像秋风扫落叶一样，

对待敌人要像严冬一样残酷无情。”

我的手虽冻得像针扎一样，

心中却有一种说不出的愉快。

★《雷锋日记》1961 年 2 月 2 日

《雷锋日记》1961 年 2 月 2 日

今天我从营口乘火车到兄弟部队作报告，下车时，大北风刺骨地刮，地上盖着一层雪，显得很冷。我见到一位老太太没戴手套，两手捂着嘴，口里吹一点热气温手。我立即取下了自己的手套，送给了那位老太太。她老人家望着我，满眼含着热泪，半天说不出话来。……一路上，我的手虽冻得像针扎一样，心中却有一种说不出的愉快。

关心党和群众比关心个人为重，
关心他人比关心自己为重。

★《雷锋日记》1961 年 2 月 16 日

《雷锋日记》1961 年 2 月 16 日

今天我没去看剧，在家学习毛主席著作。毛主席教导我们说：“关心党和群众比关心个人为重，关心他人比关心自己为重。”毛主席的这些话，深深地教育了我，使我的心豁然地明亮了。我领到连部发给我的一斤苹果，怎么也舍不得吃，用自己心爱的手绢包了起来，放进了挂包里，心想来了客人给他们吃。今天，想起了在病院里的伤病员同志，他们在新年佳节的时候，是多么需要人去安慰啊！我是人民的子弟兵，应该去好好慰问那些伤病员同志。把自己领到的一点点吃的东西送给伤病员吃，不是更有意义吗？下午 3 点钟，我拿着一斤苹果，连同自己写好的一封慰问信送给了抚顺市望花区职工西部医院。

为人民服务，

这是我应尽的义务。

★《雷锋日记》1961 年 4 月 23 日

《雷锋日记》1961年4月23日

今天早上接到上级首长的指示，要我到旅顺海军部队汇报。上午10点15分，我乘火车离沈（阳）去旅（顺）。列车上的旅客很多，我看服务员忙不过来，心想，自己是一个共产党员，共产党员的全部任务就是全心全意为人民服务。在这种情况下，我应当做一名义务服务员，为旅客们服务。我把自己的座位让给了一个老大娘，自己在车上找到了一把扫帚，挨个扫完了整个车厢，接着又擦玻璃和车厢，而后给旅客们倒开水。有个老太太很亲切地对我说："孩子，看你累得满头大汗，该休息啦。"我回答说："没什么！"……一个大尉首长站起来握着我的手说："大家应该向你学习。"我对首长说："为人民服务，这是我应尽的义务。"

列车在飞奔，旅客们个个心情舒畅，有的打扑克，有的唱歌，有的唠家常，还有的妇女逗小孩，广播员播送各种新闻和好听的歌曲，整个车厢充满了愉快和欢乐。

"旅客们注意啦！现在我们车厢要选一位旅客安全代表。"乘务员说。一位旅客站起来说："选这位解放军同志，大家同不同意啊？"旅客们都异口同声地说："好。"我真感到这是同志们对我高度的信任，那么，应该更好地关心大家。和旅客打交道，真好极了，原先不认识的，也认识了，亲热得像一家人一样，真是有啥说啥。旅客们有事都找我，但我并不感到麻烦，反而觉得荣幸。

永远愉快地多给别人，
少从别人那里拿取。
这种共产主义精神，
我要在一切实际行动中贯彻。

★《雷锋日记》1961 年 10 月 12 日

《雷锋日记》1961 年 10 月 12 日

我要牢记这样的话：永远愉快地多给别人，少从别人那里拿取。这种共产主义精神，我要在一切实际行动中贯彻。

今天，我听战友 ××× 说：没有日记本了，手中无钱买。我立即把自己一本新的日记本送给了他。这仅仅是一点小意思。我愿意把自己所有的东西，包括生命献给党和人民……

我觉得当一名无名英雄是最光荣的。
今后还应该多做一些日常的、
细小的、平凡的工作，
少说漂亮话。

★《雷锋日记》1961 年 10 月 15 日

《雷锋日记》1961 年 10 月 15 日

今天是星期日，我没有外出，给班里的同志洗了五床褥单，帮 ××× 战友补了一床被子，协助炊事班洗了 600 多斤白菜，打扫了室内外卫生，还做了一些零碎事……总的来说，今天我尽到了一个勤务员应尽的义务，虽然累了点，也感到很快活。班里的同志感到很奇怪，不知道谁把褥单洗得干干净净的。××× 同志惊奇地说：“谁把我的破被子换走了？”其实他不知道是我给他补好的呢！我觉得当一名无名英雄是最光荣的。今后还应该多做一些日常的、细小的、平凡的工作，少说漂亮话。

我觉得自己累一点算不了什么，
只要大家多得些方便，
就是我最大的快乐。

★《雷锋日记》1962 年 4 月 × 日

《雷锋日记》1962年4月×日

奉军区首长指示，我要去长春机要学校做报告。今天中午12点乘25次快车从沈阳出发。火车上的人很多，我让座给一位老太太坐下，并给她老倒一杯开水。因她老人家没吃午饭，我又拿出自己没舍得吃的面包送给她吃。这位老太太很受感动，紧握着我的手说：“好心呀！好心人！”当时我也很激动，不知说啥好。

我除了照顾这位老太太，还帮助服务员扫车厢、擦车厢，给旅客们倒开水，帮炊事员卖饭……很多人都要我休息一会儿。我想：为人民服务嘛，少休息点又算得了什么呢？我还听到很多旅客同志议论说：“这位解放军同志真勤快，什么都干，累得满头大汗也不休息。”我觉得自己累一点算不了什么，只要大家多得些方便，就是我最大的快乐。

我是人民的勤务员，
自己辛苦点，
多帮人民做点好事，
这就是我最大的快乐和幸福。

★《雷锋日记》1962 年 5 月 2 日

《雷锋日记》1962年5月2日

今天下午我在保养汽车，突然天下大雨。我正在盖车的时候，见到路上有一位妇女，抱着一个小孩，右手拉着一个五六岁的孩子，左肩上还背着两个行李包，走起路来真是很吃力。我急忙跑上前，问她从哪来？到哪去？她说：“从哈尔滨来，到樟子沟去。”她还告诉我说：“兄弟呀！我今天遭老罪了，带两个孩子，还背一些东西，天又下雨，现在天快黑了，还要走十多里路才能到家。现在我都累迷糊了，我哭也哭不到家呀……”我听她这么说，心里很过不去。我想，毛主席说过：“我们的同志不论到什么地方，都要和群众的关系搞好，要关心群众，帮助他们解决困难。”想起毛主席的教导，浑身有了力量，我跑回部队驻地，拿着自己的雨衣给那位妇女，我又抱着她的孩子，冒着风雨送她们回家。在路上，我看那小孩冷得发抖，我立即脱下自己的衣裳给他穿上。走了1小时40分钟，终于把他们送到了家，那妇女激动地对我说：“兄弟呀，你帮了我，我一辈子也忘不了啊……”

我对她说：“军民一家嘛，何必说这个呢……”我离开她家的时候，风雨仍然没停，他们都留我住下，我想，刮风、下雨、天黑，算得了什么？一定要赶回部队，明天照常出车。我一边走一边想着：我是人民的勤务员，自己辛苦点，多帮人民做点好事，这就是我最大的快乐和幸福。

日记 59.10.25.

青春呀！永远是美好的，可是真正的青春，只属于这些永远力争上游的人，永远忘我劳动的人，永远谦虚的人。

一滴水，只有放进大海里才永远不会干涸；一個人，只有当他把自己和集体事业融合在一起的时候才能最有力量。

新时代的雷锋精神

谦虚进取

电影《雷锋》剧照

人不怕有错误，
就怕犯了错误不改。
能够坚决改正错误，
那就是好同志，
同志们是不会看不起你的。

★《和战友谈改正错误》1960 年 11 月 26 日

和战友谈改正错误 *

领导和同志们帮助你，是对你的关心和爱护呀，你应该很好地承认错误。你想，我们来到部队是干什么的呢？咱们过去都是穷人家出身，吃不饱、穿不暖，解放以后，在党和毛主席的领导下，才过上了幸福生活，再不用为吃穿犯愁了。我们今天来当兵，就是要保卫幸福的生活，保卫祖国的社会主义建设，我们应该好好地为人民服务，要是不听党的话，犯了错误，这能对得起谁呢？再说，我们入伍的时候，父母亲又是怎样嘱咐的呢？他们是叫我们在部队里，加强锻炼，使自己成为一个有政治觉悟的人，叫我们学习一些本领，难道我们能够忘记这些话吗？……

人不怕有错误，就怕犯了错误不改。能够坚决改正错误，那就是好同志，同志们是不会看不起你的。

---

* 本文节选自雷锋的战友范世绅给《前进报》写的雷锋关心帮助他认识改正错误的谈话稿，发表在1960年11月26日的《前进报》上。题目为编者所加。

如果不积累许多个半步，
就不能走完千里。

★《雷锋日记》1961年4月×日

《雷锋日记》1961 年 4 月 × 日

挤时间读书：早起点，晚睡点，饭前饭后挤一点，行军走路想着点，外出开会抓紧点，星期假日多学点。

如果不积累许多个半步，就不能走完千里。

人只有不断地努力学习，
才不会迷失方向，
做好工作，
否则就会落后，
甚至犯错误。

★《自我鉴定》1961 年 9 月 10 日

自我鉴定 *

我在一切实际行动中……牢记了列宁的教导：多做日常细小平凡的工作，少说漂亮话。因此，我经常打扫卫生，淘厕所，捡大粪，在日常生活中养成热爱劳动的习惯；总想多做事，少说话。我乘火车时，给旅客倒水，扫车厢，擦玻璃，让别人多得些方便，自己辛苦一点，这是我感到最愉快的。

关于学习方面，我深刻地认识到：要想工作好，就得学习好。工作和学习的关系就像点灯加油一样：点灯如果不加油，就会变得暗淡无光，只有不断地加油，灯才会明亮。人只有不断地努力学习，才不会迷失方向，做好工作，否则就会落后，甚至犯错误。我懂得了这个道理后，越学越想学，哪怕有一点空余时间，我也要看看书报，增长自己的知识。现在我学习得很不够，决心继续努力，勤学、苦学、发愤学。我要学习一生，战斗一生。

---

* 这是雷锋于1961年9月10日写的自我鉴定的一部分。

钉子有两个长处：
一个是挤劲，一个是钻劲。
我们在学习上，
也要提倡这种“钉子”精神，
善于挤和善于钻。

★《雷锋日记》1961 年 10 月 19 日

《雷锋日记》1961 年 10 月 19 日

有些人说工作忙、没时间学习。我认为问题不在工作忙，而在于你愿意不愿意学习，会不会挤时间。

要学习的时间是有的，问题是我们善不善于挤，愿不愿意钻。

一块好好的木板，上面一个眼也没有，但钉子为什么能钉进去呢？这就是靠压力硬挤进去的，硬钻进去的。

由此看来，钉子有两个长处：一个是挤劲，一个是钻劲。我们在学习上，也要提倡这种“钉子”精神，善于挤和善于钻。

学习，不抓紧时间不行。

★《雷锋日记》1961 年 × 月 × 日

《雷锋日记》1961 年 × 月 × 日

时间紧，可是看一页是一页，积少成多。学习，不抓紧时间不行。

千万不可以骄傲。

★《雷锋日记》1962 年 2 月 27 日

《雷锋日记》1962年2月27日

雷锋呀，雷锋！我警告你牢记：千万不可以骄傲。你永远不能忘记，是党把你从虎口中拯救出来，是党给了你一切……至于你能做一点事情了，那是自己应尽的义务。你每一点微小的成绩和进步都应该归功于党，要记在党的账上。我一定听党和毛主席的话，把我的青春献给世界上最壮丽的事业——为人类解放而斗争。

骄傲的人，其实是无知的人。

★《雷锋日记》1962 年 3 月 2 日

《雷锋日记》1962年3月2日

骄傲的人，其实是无知的人。他不知道自己能吃几碗干饭，他不懂得自己只是沧海之一粟……

这些人好比是一个瓶子装的水，一瓶子不满，半瓶子晃荡，可是还晃荡不出来。这有什么值得骄傲的呢？

装知识的碗，
就要像神话中的“宝碗”一样，
永远也装不满。

★《雷锋日记》1962 年 3 月 28 日

《雷锋日记》1962 年 3 月 28 日

我们要真正学到一点东西，就要虚心。譬如一个碗，如果已经装得满满的，哪怕再有好吃的东西，像海参、鱼翅之类，也装不进去，如果碗是空的，就能装很多东西。装知识的碗，就要像神话中的“宝碗”一样，永远也装不满。

61年10月28日

十多年来，我在党的不断培养教育下，从一个放牛娃子成长为一个国防军战士，光荣的共产党员。我懂得了：一个人只要肯干，就可以为祖国做许多事了。但，一个人的力量毕竟是有限的，走不远，也不多。就如一条条小渠，如果不汇入江河，永远也不可能澎湃，一泻千里……。是啊，做工作要靠组织，靠集体，依靠群众，才能最有力量，取得工作的胜利。

艰苦奋斗

新时代的雷锋精神

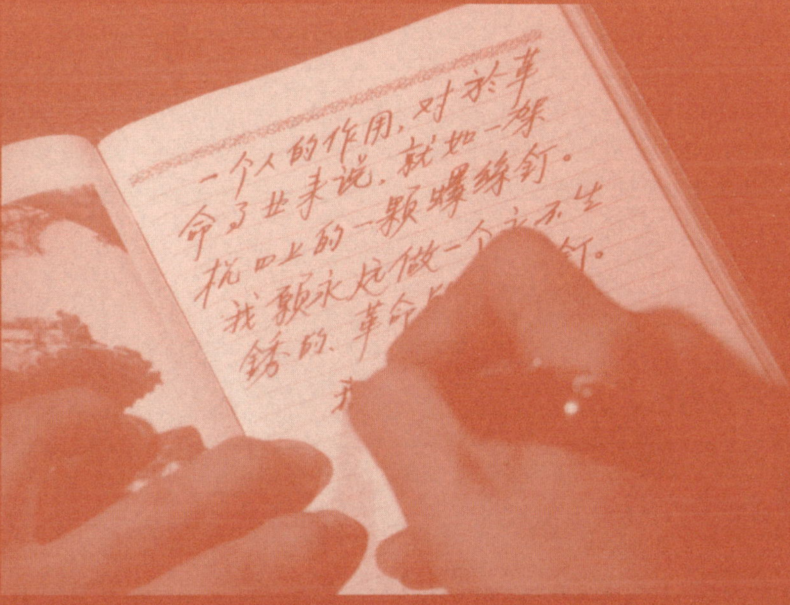

电影《雷锋》剧照

只要我们有叫高山低头、
河水让路的气概，
是没有战胜不了的困难的。

★《雷锋日记》1959 年 11 月 × 日

《雷锋日记》1959 年 11 月 × 日

我们在建设焦化厂当中，住不好、吃不好和工作环境不好等，这些困难都是暂时的、局部的、可以克服的。只要我们有叫高山低头、河水让路的气概，是没有战胜不了的困难的。

把重担子挑起来，
一定选艰苦的工作干。

★《忆苦思甜》1960 年 11 月 5 日

忆苦思甜 *

1959 年 8 月，鞍钢扩大焦化厂，在辽阳建厂条件很艰苦，我要去，副厂长不让我去，在我坚决要求下，才让我去的。那里条件很差，有些同志不安心工作，不愿意挑大筐，不愿意盖房子，有的说怪话。这时我想起自己是共青团员，坚决不动摇，想起最艰苦的地方也是党最需要我的地方，是党考验我的时候。我就向李书记表决心，愿意干一辈子。李书记对我教育说："干革命不但要埋头苦干，还得懂得革命道理。"他买了一本毛主席著作给我。从那时起，我就开始学习毛主席著作。前一段我只知道感谢党的恩情，埋头苦干，自己干好了就行了，从这时起，我开始懂得了一点道理。但开始学习碰到很多困难，有些字不懂，看小说一样。李书记又告诉我，学习毛主席著作要有的放矢，从实际出发，带着问题学习毛主席著作。那时盖房子是冬天，和稀泥是关键，是最艰苦的工作。稀泥供不上，这个困难怎么办，我就带着这个问题学习毛主席著作。毛主席说："艰苦的工作就像担子，摆在我们的面前，看我们敢不敢承担。担子有轻有重。有的人拈轻怕重，把重担子推给人家，自己拣轻的挑，这就不是好的态度。"毛主席的教导使我得到深刻的启发，听毛主席的话，把重担子挑起来，一定选艰苦的工作干。我就争着去和泥，水结了冰，和不动，我就脱掉鞋袜、赤着脚，冷得很厉害，手脚都冻麻木了，但想到为祖国建立化工厂，心里挺暖和的……

---

* 本文节选自根据录音整理的雷锋所做的忆苦思甜报告。

“哪儿有困难就到哪儿去”，——
不但“遇虎而打”，
而且进一步“找虎而打”，
这是崇高的共产主义风格。

★《雷锋日记》1961 年 1 月 18 日

《雷锋日记》1961 年 1 月 18 日

在我们前进的道路上，不可能不遇到一些暂时的困难，这些困难的实质，“纸老虎”而已。

问题是我们见虎而逃呢，还是“遇虎而打”？

“哪儿有困难就到哪儿去”，——不但“遇虎而打”，而且进一步“找虎而打”，这是崇高的共产主义风格。

我深深懂得了社会主义的今天，是由无数的革命先烈和战友的艰苦奋斗、英勇牺牲得来的。

★《给战友的信》1961 年 1 月 18 日

给战友的信

亲爱的战友们：

你们的来信我都已收到了，今天我怀着万分高兴的感激的心情，给你们写这封信。首先让我向你们致以衷心的感谢。

……

我是一个孤儿，在旧社会受尽了折磨和痛苦。解放后，在党和毛主席的哺育下，一天天地成长起来。我深深懂得了社会主义的今天，是由无数的革命先烈和战友的艰苦奋斗、英勇牺牲得来的。今天我连脚上穿着一双普通的鞋子也感到是一种莫大的幸福，现在我们还有皮鞋哩。比起我在旧社会光着脚到地里放猪、上山砍柴，真是好上天了。这样，不能不使我更加热爱党，热爱社会主义，热爱新社会。每当我看到我们祖国的变化，看到祖国的新成就，都使我从心眼里感到高兴，从而更加认识到党的英明、伟大和正确。

……

让我们共同携起手来，发奋图强，艰苦奋斗，响应党的增产节约的号召，克服目前的困难，争取在 1961 年做出更大更好的成绩。让我们更高地举起毛泽东思想红旗，为保卫祖国，建设社会主义，实现共产主义社会而奋勇前进吧！

……

我们是国家的主人，
应该处处为国家着想，事事要精打细算，
不能今朝有酒今朝醉，明日愁来明日忧。
我们要奋发图强，自力更生，
克服当前存在的暂时困难，
坚决反对大吃大喝，力戒浪费。

★《雷锋日记》1961 年 4 月 28 日

《雷锋日记》1961 年 4 月 28 日

现在，我们国家处于困难时期。我们是国家的主人，应该处处为国家着想，事事要精打细算，不能今朝有酒今朝醉，明日愁来明日忧。我们要奋发图强，自力更生，克服当前存在的暂时困难，坚决反对大吃大喝，力戒浪费。

……

同志，你是否意识到你的一切生活在幸福之中？可能意识不到，也可能意识到了。当你能吃一顿饱饭，穿上一套衣服，能当家作主，自由地生活，你有如何感觉呢？有一种说不出的幸福感。这是党和毛主席给你带来的，是革命前辈流血牺牲给你带来的。

社会主义制度的建立给我们
开辟了一条到达理想境界的道路，
而理想境界的实现
还要靠我们的辛勤劳动。

★《雷锋日记》1961 年 4 月 30 日

《雷锋日记》1961年4月30日

毛主席指示我们："要提倡勤俭建国。要使全体青年们懂得，我们的国家现在还是一个很穷的国家，并且不可能在短时间内根本改变这种状态，全靠青年和全体人民在几十年时间内，团结奋斗，用自己的双手创造出一个富强的国家。社会主义制度的建立给我们开辟了一条到达理想境界的道路，而理想境界的实现还要靠我们的辛勤劳动。有些青年人以为到了社会主义社会就应当什么都好了，就可以不费气力享受现成的幸福生活了，这是一种不实际的想法。"

毛主席的话给了我深刻教育和启发。根据我国目前的情况来看，还存在着许多困难。……为了克服这些困难，都要十分地听党和毛主席的话，一切做长期打算，……注意节约。

今天，司务长发给我两套单军衣和两套衬衣，我只各领了一套，剩下那两套衣服交给了国家，以减少国家的开支，支援祖国的建设。

应该怎样对待困难——是战斗！

★《困难不可怕》1961 年

困难不可怕

应该怎样对待困难——是战斗！
困难只能欺侮那些不能吃苦的人，
困难害怕吃苦耐劳的战士。
困难只能欺侮那些胆小鬼，
困难害怕顽强进攻的战士。
困难只能欺侮那懒汉，
困难害怕认真学习的人。
困难只能欺侮那些脱离群众的人，
困难害怕团结一致的伟大集体。

我愿在暴风雨中——

艰苦的斗争中锻炼自己……

★《雷锋日记》1962 年 3 月 4 日

《雷锋日记》1962 年 3 月 4 日

我愿做高山岩石之松，不做湖岸河旁之柳。我愿在暴风雨中——艰苦的斗争中锻炼自己，不愿在平平静静的日子里度过自己的一生。

不经风雨，长不成大树；
不受百炼，难以成钢。

★《雷锋日记》1962 年 3 月 × 日

《雷锋日记》1962年3月×日

不经风雨，长不成大树；

不受百炼，难以成钢。

迎着困难前进，这也是我们革命青年成长的必经之路。有理想有出息的青年人必定是乐于吃苦的人。

学习愚公不怕困难，

敢于斗争，敢于胜利的精神。

★《雷锋日记》1962 年 × 月 × 日

《雷锋日记》1962 年 × 月 × 日

学习愚公不怕困难，敢于斗争，敢于胜利的精神。

愚公能挖掉两座大山，我有恒心克服各种困难，学习好毛主席著作和军事技术，把自己锻炼成为一个又红又专的共产主义革命战士，更好地为人民服务，为人类的解放事业——共产主义而贡献自己的一切。

图书在版编目 (CIP) 数据

新时代的雷锋精神 / 中宣部电影频道节目中心，中宣部志愿服务促进中心，中国志愿服务联合会编．—北京：中国法制出版社，2023.3（2023.3 重印）
ISBN 978-7-5216-3314-6

Ⅰ.①新… Ⅱ.①中… ②中… ③中… Ⅲ.①雷锋精神—学习参考资料 Ⅳ.① D64

中国国家版本馆 CIP 数据核字（2023）第 028177 号

责任编辑：戴　蕊　程　思　　封面设计：蒋　怡　周黎明

新时代的雷锋精神
XINSHIDAI DE LEIFENG JINGSHEN
编者 / 中宣部电影频道节目中心　中宣部志愿服务促进中心　中国志愿服务联合会
经销 / 新华书店
印刷 / 河北华商印刷有限公司
开本 / 880 毫米 ×1230 毫米　32 开　　印张 / 6.875　字数 / 97 千
版次 / 2023 年 3 月第 1 版　　2023 年 3 月第 3 次印刷

中国法制出版社出版
书号 ISBN 978-7-5216-3314-6　　定价：39.00 元

北京市西城区西便门西里甲 16 号西便门办公区
邮政编码：100053　　传真：010-63141600
网址：http://www.zgfzs.com　　编辑部电话：010-63141806
市场营销部电话：010-63141612　　印务部电话：010-63141606
（如有印装质量问题，请与本社印务部联系。）